Género | **Texto expositivo**

Pregunta esencial
¿Cómo se explica lo que ocurrió en el pasado?

LOS ANTIGUOS PUEBLOS

KEN BENN

Introducción	2
Capítulo 1 ¿Quiénes fueron los antiguos indígenas pueblos?	4
Capítulo 2 ¿Cómo vivían?	8
Capítulo 3 ¿Adónde fueron los antiguos indígenas pueblos?	12
Conclusión	16
Respuesta a la lectura	18
LECTURA COMPLEMENTARIA Los antiguos pueblos fueron astrónomos	19
Glosario	22
Índice	23
Enfoque: Estudios Sociales	24

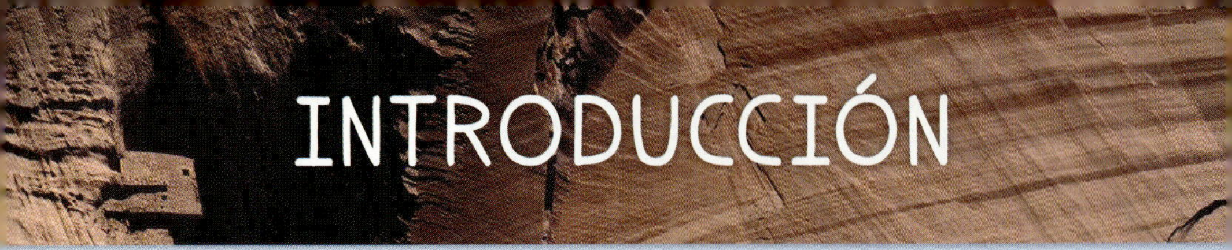

INTRODUCCIÓN

Las **viviendas** de los acantilados de Mesa Verde son restos de una extraordinaria civilización de indígenas americanos. Los antiguos indígenas pueblos construyeron las viviendas en los acantilados, pero migraron de allí a finales del siglo XIII. Las ruinas de Mesa Verde son la evidencia de una rica **cultura**.

En la actualidad, los indígenas americanos tienen todavía un vínculo fuerte con Mesa Verde. Ellos siguen las tradiciones de sus antepasados.

Los antiguos indígenas pueblos, que vivían en comunidades extensas, construyeron estas viviendas en Mesa Verde, Colorado. Mesa Verde es hoy un parque nacional.

Los arqueólogos comenzaron a estudiar las ruinas de Mesa Verde a finales del siglo XIX. Las viviendas de los acantilados son la prueba de que los antiguos pueblos eran ingenieros hábiles. Ellos construyeron otras edificaciones que tenían varios pisos y cientos de habitaciones. La kiva, o edificio ceremonial, tenía un techo que pesaba varias toneladas.

Los antiguos indígenas pueblos plasmaron su forma de vida en los diseños de cerámicas y textiles, las trazas de sus casas y pinturas murales.

Los arqueólogos han aprendido mucho sobre los antiguos pueblos a partir del estudio de los restos de diversos asentamientos. También han escuchado la **historia oral** de los descendientes de los antiguos indígenas pueblos.

Durante muchos años, los arqueólogos llamaron *anazasis* a los indígenas americanos del territorio de Mesa Verde. Este era el nombre que les habían dado los navajos. A veces, el nombre se traduce como "los antiguos" o "los antiguos enemigos".

Los anazasis son los ancestros de los actuales indígenas pueblos. Estos prefieren llamar a sus ancestros los *antiguos pueblos*. Algunos arqueólogos han comenzado a utilizar también el nombre de antiguos pueblos.

CAPÍTULO UNO | ¿QUIÉNES FUERON LOS ANTIGUOS INDÍGENAS PUEBLOS?

Los antiguos indígenas pueblos construyeron sus hogares en la meseta de Colorado, en la región sudoeste. Pero no fueron los primeros indígenas americanos en vivir allí.

Arqueólogos e historiadores han estudiado herramientas, prendas de vestir y otros objetos descubiertos en el área. Ellos creen que los primeros indígenas americanos vivieron allí entre los años 13000 a. e. c. y 6000 a. e. c. Estos indígenas eran cazadores y recolectores.

Entre los años 6000 a. e. c. y 500 a. e. c., la temperatura aumentó. La gente cazaba animales más pequeños. Los indígenas americanos comenzaron a cultivar la tierra.

UBICACIÓN DE LOS ANTIGUOS INDÍGENAS PUEBLOS

Estados de la región de las Cuatro Esquinas

Área donde vivieron los antiguos indígenas pueblos

En el verano, los antiguos indígenas pueblos vestían ropas ligeras, pero en invierno usaban capas y mantas hechas de plumas de pavo y pieles de venado.

Los antiguos indígenas pueblos se dedicaban a la actividad **agrícola**. Entre los años 1200 a. e. c. y 550 e. c. cultivaron maíz, calabazas y otras plantas.

MÉTODOS ARQUEOLÓGICOS

- La estratigrafía es la técnica de analizar y datar capas de tierra. Los **objetos arqueológicos** más recientes se encuentran cerca de la superficie. Los más antiguos están a mayor profundidad.
- La datación por radiocarbono se utiliza para medir la cantidad de carbono (C14) que permanece en los seres muertos. Cuando un ser viviente fallece, el C14 comienza a descomponerse. Los arqueólogos miden la cantidad de C14 que queda en un organismo inerte para saber cuándo murió.
- La **historia oral** es el conjunto de relatos del pasado que se transmiten de generación en generación.

Durante la **excavación** de los sitios de los antiguos indígenas pueblos, los arqueólogos hallaron muchas cestas en las formaciones rocosas. El aire seco había protegido y conservado las cestas. Su excelente calidad demuestra que estos indígenas eran artistas y tejedores talentosos. Los arqueólogos llaman a este periodo la era de los cesteros.

Los arqueólogos creen que los primeros antiguos indígenas pueblos vivían en casas sencillas. Las casas tenían forma circular y se construían encima de cavidades del terreno. Estaban protegidas del calor y del frío.

Sin embargo, a comienzos del 500 e. c., los antiguos pueblos comenzaron a construir casas más grandes. Estas edificaciones eran más complejas y resistentes.

Los primeros antiguos indígenas pueblos vivían en sencillas casas circulares.

Entre los años 750 e. c. y 900 e. c., los antiguos pueblos comenzaron a construir con piedras, adobe y ladrillos. <u>En Yellow Jacket (Colorado) hay aún construcciones en piedra</u>. Esta gran aldea ancestral tenía más de 1,000 habitaciones. Y albergaba entre 700 y 1,360 personas.

Los antiguos indígenas pueblos no podían depender de lluvias regulares. Ellos necesitaban agua para la agricultura. Por ello, construyeron sus poblados donde había fuentes de agua.

Más tarde, las viviendas de los acantilados, como el Palacio del Acantilado de Mesa Verde, se construyeron a manera de bloques habitacionales de varios pisos, en las laderas de los promontorios rocosos.

Detective del lenguaje

Señala la forma del verbo <u>haber</u> en la oración subrayada. Luego, busca en esta página otra conjugación de este verbo irregular.

Las escaleras son la única forma de acceder a muchas de las viviendas de Mesa Verde.

CAPÍTULO DOS | ¿CÓMO VIVÍAN?

Los arqueólogos estudian los objetos arqueológicos para saber cómo eran las personas que los hicieron. A veces, estos objetos están intactos. Por lo general, suelen ser fragmentos de objetos. Aun así, dan indicios de la forma en que vivía la gente.

Los antiguos pueblos tejieron cestas, sogas y redes con fibras vegetales y animales. Las cestas tenían puntadas especiales. Su diseño respondía a distintos propósitos. Había cestas para cargar a los bebés. Muchas cestas se hacían para recolectar semillas, cereales y plantas. En las cestas más grandes se guardaban cereales. Algunas cestas se recubrían con una sustancia negra impermeable llamada **alquitrán**. En ellas se podía almacenar agua.

Esta cesta para cereales con diseño de ave fue hallada en el Parque Nacional de Mesa Verde.

Los antiguos indígenas pueblos comenzaron a hacer cerámica alrededor del año 600 e. c. Los arqueólogos pueden identificar y datar la cerámica según sus diseños. Los diseños se desarrollaron en diferentes regiones. La cerámica roja se trabajó en lo que hoy es el sur de Utah. La cerámica en blanco y negro se elaboró en Mesa Verde.

Los indígenas pueblos hicieron vasijas con fondos redondos. Estas vasijas podían sostenerse en la arena o sobre tres piedras.

MUG HOUSE

Mug House, que significa casa de los tazones, se encuentra ubicada debajo de una inmensa roca saliente en Mesa Verde. Se llama así porque allí se hallaron tazones de cerámica intactos.

Los antiguos indígenas pueblos construyeron una gran cisterna debajo de Mug House. En esta cisterna se recogía el agua que bajaba de las rocas.

Las viviendas de los acantilados de Mesa Verde son unas de las edificaciones mejor conservadas de América del Norte.

Los arqueólogos han estudiado los diseños de los grandes poblados, o pueblos, y de las viviendas de los acantilados. Ellos creen que los antiguos indígenas pueblos se reunían en patios donde trabajaban y socializaban. En las viviendas se hallaron pilas de olotes y habitaciones de almacenamiento. Ambos descubrimientos son un indicio más de que la agricultura era fundamental en la vida de los antiguos indígenas pueblos.

A veces, llovía lo suficiente como para que pudieran cultivar. Pero también había épocas de una sequía que dificultaban la agricultura. Hay evidencias de que los antiguos indígenas pueblos construyeron presas, cisternas y muros de piedra pequeños para regular el agua que necesitaban para cultivar. Ellos trabajaban en comunidad para organizar los proyectos hídricos. Y cuando un área se tornaba demasiado seca, migraban a lugares con mejores **recursos** hídricos.

En esta fotografía se muestra una vista aérea actual del antiguo asentamiento del Chaco. En ella se pueden apreciar los patios y las edificaciones.

El cañón del Chaco, en Nuevo México, fue también un importante centro cultural de los antiguos indígenas pueblos. Ellos usaron troncos enormes para sostener el techo de la gran kiva Casa Rinconada. Pero no había árboles cerca del cañón del Chaco. ¿De dónde provenían los troncos?

Los científicos analizaron los troncos en busca de estroncio, un **elemento** químico. El resultado mostró que los árboles provenían de montañas ubicadas a más de 50 millas de distancia.

Los troncos eran muy largos y pesados. Los indígenas americanos no tenían bueyes ni burros en esa época. La gente llevó los troncos al cañón del Chaco en un año. Esto prueba que los antiguos indígenas pueblos eran muy organizados y trabajaban bien en equipo para conseguir grandes metas.

KIVA DE CASA RINCONADA, CAÑÓN DEL CHACO

1. Entrada
2. Pasaje subterráneo
3. Bancas
4. Hoguera
5. Hoyos para los soportes del techo

CAPÍTULO TRES | ¿ADÓNDE FUERON LOS ANTIGUOS INDÍGENAS PUEBLOS?

Los arqueólogos se han preguntado por qué abandonaron los antiguos indígenas pueblos sus hogares y migraron a otros lugares.

Las historias orales de los indígenas americanos y el análisis científico de los anillos de árboles y polen antiguo indican que hubo sequías extremas en la zona en los siglos XII y XIII. La falta de agua y otros recursos naturales debió dificultar mucho la agricultura. Por eso, los antiguos indígenas pueblos migraron a áreas donde había más recursos naturales.

Hoy en día puedes hacer un recorrido por el cañón del Chaco. Los guías se valen de las historias orales de los indígenas americanos y de la información arqueológica para hablar de la extraordinaria cultura de los antiguos indígenas pueblos.

También es posible que los enfrentamientos entre las distintas comunidades hayan obligado a la gente a migrar. Hay evidencias de guerra en las historias orales de los indígenas americanos y en los estudios arqueológicos de los cementerios.

CLAVES EN LOS ANILLOS DE LOS ÁRBOLES

La dendrocronología es la ciencia que estudia los anillos de los árboles. Cada año, los árboles generan un anillo de crecimiento entre la madera vieja y la corteza.

Los científicos estudian los anillos de los árboles para saber cómo era el clima en el pasado. Ellos pueden identificar periodos de calor, frío, humedad o sequía.

Los cambios en la temperatura y la falta de lluvia pueden reducir el proceso de fotosíntesis en las plantas. Esto significa que las plantas producen menos alimento y su crecimiento disminuye. Los cambios de crecimiento pueden observarse en el tamaño de los anillos de los árboles.

Los anillos estrechos podrían indicar que en el pasado la temperatura era más baja.

¿Adónde fueron los antiguos indígenas pueblos? La mayoría de los actuales indígenas pueblos que viven en Nuevo México y Arizona remontan su ascendencia hasta esta gente. Por ejemplo, la comunidad pueblo de San Ildefonso, en Nuevo México, cree que sus ancestros vivieron tanto en el área de Mesa Verde, en lo que hoy es Colorado, como en la región actual de Bandelier, cerca de Santa Fe, en Nuevo México.

Muchas historias de clan de los indígenas americanos aluden a las rutas de migración de sus ancestros.

Algunos arqueólogos creen que los pueblos del cañón del Chaco migraron a un área ubicada a más de 380 millas al sur. Allí se asentaron en un lugar de México que hoy se llama Casas Grandes. En la actualidad, la gente pueblo y los arqueólogos coinciden en que aquellos se desplazaron a grandes distancias y varias veces durante muchas generaciones.

Los descendientes de los antiguos indígenas pueblos todavía viven en la región sudoeste de Estados Unidos. Algunos viven en sus poblados nativos, como en el llamado Taos Pueblo, en Nuevo México. Otros residen en pueblos y ciudades vecinos, o en otros estados y países. Vivan donde vivan, los indígenas pueblos son siempre bienvenidos en sus comunidades.

Taos Pueblo, en Nuevo México, es un monumento histórico nacional.

15

CONCLUSIÓN

Los indígenas americanos de hoy pueden rastrear su herencia miles de años atrás. Sus historias orales, creencias, valores y prácticas nos ayudan a comprender mejor a los antiguos indígenas pueblos.

Los arqueólogos han ido reconstruyendo también su historia. Ellos han recopilado evidencias por medio de métodos científicos. También han obtenido información de las historias orales y de las costumbres y creencias de los indígenas americanos actuales.

Los indígenas americanos tienen un vínculo fuerte con sus tierras, que data de muchos siglos atrás. En el año 500 e. c., los antiguos indígenas pueblos construyeron poblados en el sudoeste.

Durante los 250 años siguientes construyeron enormes edificaciones de piedra que albergaron a cientos de personas. También desarrollaron técnicas para producir fibras, y diseñaron objetos de cerámica para cocer y guardar alimentos.

En el siglo XIII, una prolongada sequía y quizá una guerra obligaron a estos indígenas americanos a abandonar sus asentamientos. Ellos migraron a distintos territorios. Sus descendientes son miembros de aproximadamente dos docenas de pueblos y tribus de indígenas americanos.

Hoy en día, los indígenas americanos practican aún las tradiciones y ceremonias de sus ancestros.

Respuesta a la Lectura

Resumir

Fíjate en los detalles de *Los antiguos pueblos* para resumir la selección. Utiliza el organizador gráfico como ayuda.

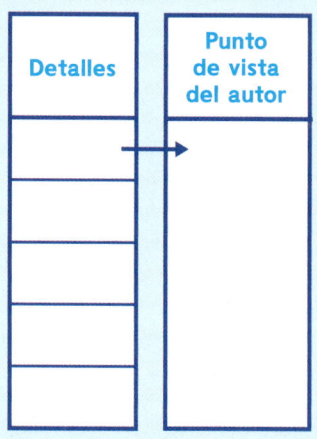

Evidencia en el texto

1. ¿Qué características te dicen que este es un texto expositivo? **GÉNERO**

2. ¿Cuál es el punto de vista del autor respecto de los antiguos indígenas pueblos? Da ejemplos de elección de palabras y de descripciones que hace el autor para expresar su punto de vista. **PUNTO DE VISTA DEL AUTOR**

3. ¿Qué significa la palabra *cisterna* en la página 9? Busca las claves en la oración para comprenderla. **CLAVES EN LA ORACIÓN**

4. Escribe acerca del punto de vista del autor respecto de los arqueólogos, que encontrarás en el capítulo 2. Incluye datos que sustenten la posición del autor. **ESCRIBIR SOBRE LA LECTURA**

Género | **Artículo persuasivo**

Compara los textos

Lee acerca de por qué los arqueólogos creen que los antiguos indígenas pueblos fueron astrónomos.

LOS ANTIGUOS PUEBLOS FUERON ASTRÓNOMOS

Los antiguos indígenas pueblos eran agricultores hábiles. ¿Pero eran también astrónomos? Muchas evidencias demuestran que sí.

Antiguas culturas del mundo entero sintieron fascinación por el cielo. Por ejemplo, círculos de piedra de Egipto que datan del quinto milenio a. e. c. tienen marcadores que se alinean con la posición del sol en ciertas épocas del año. Es posible que hayan sido utilizados para trazar las estaciones.

Dado que los antiguos indígenas pueblos eran agrícolas, es razonable pensar que usaran la astronomía para saber cuándo cultivar. Existe evidencia que sustenta esta teoría.

En 1977, Anna Sofaer, una artista, estaba estudiando el arte rupestre del cañón del Chaco, en Nuevo México. Sofaer observó interesantes reflejos de luz en dos figuras en espiral talladas en la roca. Ella regresó al sitio en distintos días del año para examinar los reflejos de luz.

El día del **solsticio** de verano, un delgado rayo de luz pasó entre dos columnas de roca. Este rayo **bisecó** el centro de una figura en espiral tallada en otra roca.

El rayo de luz es conocido como "Daga del Sol" porque corta la espiral por la mitad.

También descubrió que, durante los **equinoccios** de primavera y de otoño, un rayo de luz solar atravesaba otra espiral cercana más pequeña. Y, durante el solsticio de invierno, dos rayos de luz paralelos se alineaban con los bordes de la espiral mayor. Este efecto se conoce como la "Daga del Sol".

Algunos arqueólogos no creían que la Daga del Sol fuera un instrumento astronómico de los antiguos indígenas pueblos. Sin embargo, existen otras edificaciones de estos indígenas que pueden ser marcadores para medir el tiempo del año. Por ejemplo, durante el solsticio de verano, la luz solar brilla de forma particular en algunas ventanas.

En el cañón del Chaco hay una pintura rupestre que tiene tres símbolos: una estrella, una luna creciente y una mano. La posición de los símbolos sugiere que los antiguos indígenas pueblos estaban representando la nebulosa del Cangrejo. Una nebulosa es una nube de gas y polvo espacial. La nebulosa del Cangrejo apareció por primera vez en la **constelación** de Tauro, un grupo de estrellas, hacia el año 1054 e. c.

Mucha gente cree que estas pinturas rupestres de los antiguos indígenas pueblos muestran la primera aparición de la nebulosa del Cangrejo.

Hay muchas evidencias, como los marcadores que miden el tiempo del año y el conocimiento actual de los pueblos, que sustentan la idea de que los antiguos indígenas pueblos eran astrónomos expertos.

Haz conexiones

¿Cómo explica el autor el descubrimiento que hizo la artista en el cañón del Chaco? PREGUNTA ESENCIAL

Después de leer *Los antiguos pueblos* y *Los antiguos pueblos fueron astrónomos*, ¿qué puedes concluir con relación a estos indígenas americanos del pasado?
EL TEXTO Y OTROS TEXTOS

Glosario

agrícola relativo al cultivo de la tierra *(página 5)*

alquitrán sustancia negra y pegajosa, parecida a la brea, que se endurece al enfriarse *(página 8)*

bisecar dividir en dos partes iguales *(página 20)*

cultura forma de vida, prácticas y creencias compartidas por las personas que viven en un mismo lugar o época *(página 2)*

elemento sustancia química simple, como el oxígeno *(página 11)*

equinoccio cada uno de los dos momentos del año (alrededor del 21 de marzo y el 21 de septiembre) cuando el día y la noche tienen la misma duración *(página 20)*

excavación sitio excavado para encontrar cosas ocultas bajo la tierra *(página 5)*

fotosíntesis proceso por el cual las plantas que contienen clorofila aprovechan la energía de la luz solar para producir carbohidratos a partir de agua y dióxido de carbono *(página 13)*

historia oral relatos del pasado que se transmiten de generación en generación *(página 3)*

objeto arqueológico objeto hecho por el ser humano; por ejemplo, herramientas, cerámica o joyería *(página 5)*

recurso bien que se utiliza para suplir una necesidad; por ejemplo, alimento, agua, combustible *(página 10)*

solsticio momento intermedio entre los equinoccios de primavera y otoño (alrededor del 21 de junio y el 21 de diciembre) *(página 20)*

vivienda lugar donde habitan las personas; casa *(página 2)*

Índice

abandono de los asentamientos
- migración al sur, *14*
- teorías del porqué, *12, 13, 17*

astronomía
- evidencia de, *19-21*

cañón del Chaco, *11, 14, 20, 21*
- Casa Rinconada, *11, 20*
- pintura rupestre de la nebulosa del Cangrejo, *21*

casas
-circulares sencillas, *6*
- en acantilados, *2-3, 7, 9, 10*
- pueblos, *10, 15*

cerámica, *3, 9, 16*

cestas, *6, 8*

datación por radiocarbono, *5*

dendrocronología, *13*

estratigrafía, *5*

indígenas pueblos actuales, *3, 14*

kiva, *3, 11*

Mesa Verde, *2-3, 9*
- Mug House, *9*
- Palacio del Acantilado, *7*
- viviendas en acantilados, *2-3, 7, 9, 10*

Taos Pueblo, *15*

Yellow Jacket, *7*

Enfoque:
Estudios Sociales

Propósito Explorar la cultura de los antiguos indígenas pueblos

Paso a paso

Paso 1 Trabaja en grupo y di si quieres hacer un modelo de una construcción, una cesta o una vasija de los antiguos indígenas pueblos. Luego, investiga el tema.

Paso 2 Toma medidas y haz bosquejos cuidadosamente para determinar lo que necesitas para hacer tu modelo. Haz una lista de materiales.

Paso 3 Reúne los materiales que vas a necesitar para hacer y decorar el modelo a partir de tus dibujos y las ilustraciones de *Los antiguos indígenas pueblos*. Haz el modelo tan preciso y detallado como sea posible.

Paso 4 Presenta el modelo al resto de la clase. Explica lo que hiciste, por qué lo elegiste y las decisiones que tomaste mientras lo hacías. ¿Qué aprendiste? ¿Qué te gustó y qué no del proceso de elaboración? ¿Cómo te sentiste unido a los antiguos indígenas pueblos mientras hacías tu modelo? ¿Qué elementos de su cultura intentaste incluir en él? Ubica tu modelo en algún lugar del salón.